Traduction de Diane Costa de Beauregard
ISBN 2-07-056457-6
Titre original : Ich mach was mit Knöpfen
© Ravensburger Buchverlag Otto Maier GmbH, 1988
© Editions Gallimard 1991, pour l'édition française
Numéro d'édition : 50912
Dépôt légal : mars 1991
Imprimé en Allemagne

Les boutons

Sabine Lohf

Gallimard

Des boutons pour compter

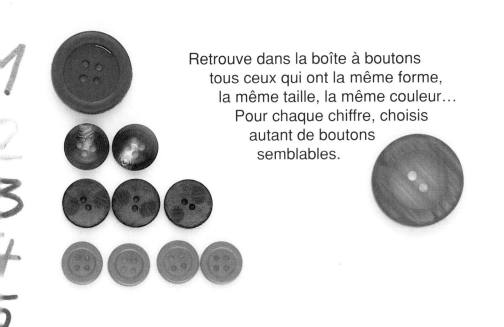

Retrouve dans la boîte à boutons
tous ceux qui ont la même forme,
la même taille, la même couleur…
Pour chaque chiffre, choisis
autant de boutons
semblables.

Boutons à peindre

Des boutons tout
blancs à peindre.
Dispose-les sur
une grande feuille
de papier, et peins
dans tes couleurs
préférées des verts,
des jaunes, des bleus...

Collier de boutons

Entre chaque bouton,
tu peux accrocher
d'autres décorations,
plumes, perles…

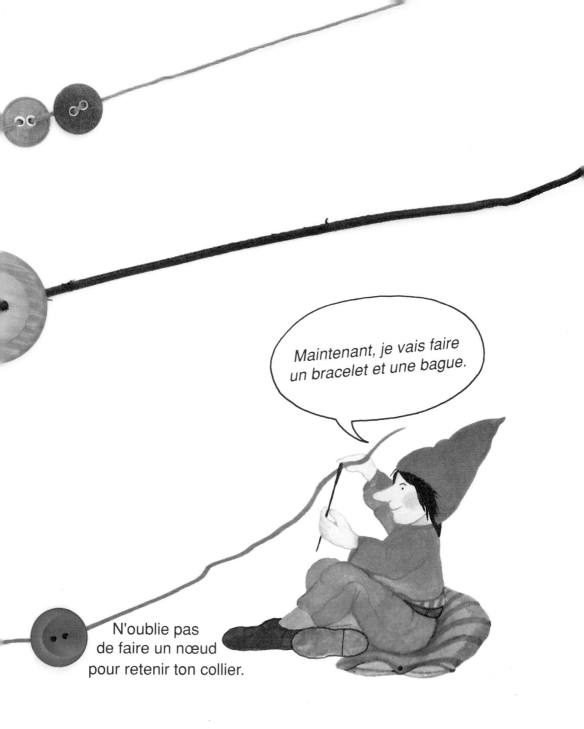

De la chenille au papillon

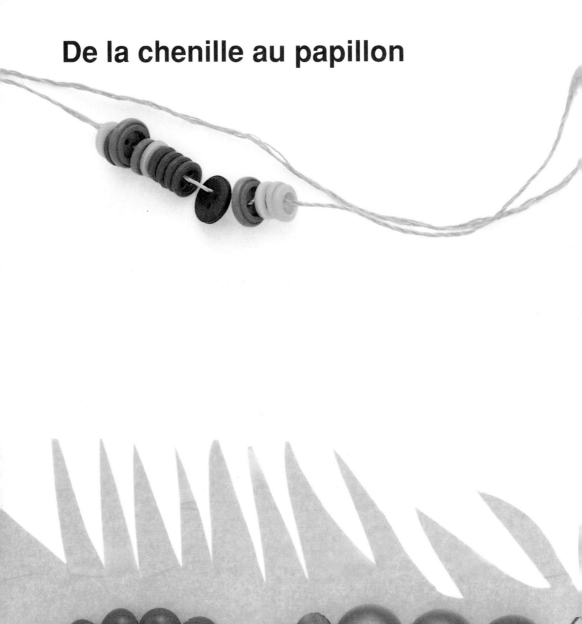

Si tu veux un papillon,
couds un gros bouton
sur des ailes de feutrine
tachetée à l'aide d'un feutre.

Quand tu seras
grand, je t'attraperai.

Enfile comme un collier
une chenille de boutons
et pose-la sur du papier
vert découpé comme
de l'herbe.

Les trois petits cochons... et leurs parents !

Découpe dans de la feutrine rose : deux oreilles, un corps tout rond, deux pattes puis ajoute et couds : deux yeux en boutons noirs et un groin en bouton rose.

Toi aussi, tu as un museau bouton.

Boutons cousus

Avec les boutons à deux trous,
impossible de varier les façons
de les coudre. Heureusement,
ceux à quatre trous permettent
de bien s'amuser. On peut les décorer
en passant un fil en croix, en Z
ou en carré...

Dis donc,
je ne trouve pas d'autre
façon de coudre des boutons.
Mais toi, peut-être...

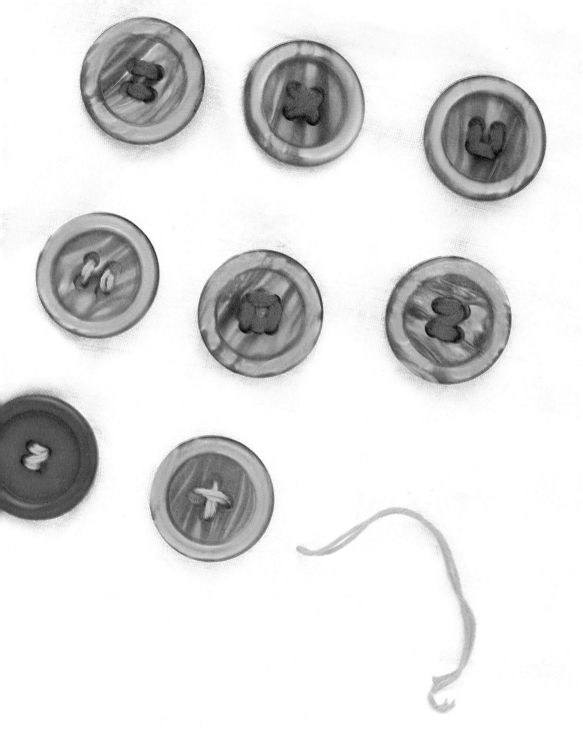

Du papillon...

Voici un papillon
tout en boutons
avec un long fil
pour antenne.

Je vais coller mon papillon sur un beau papier doré.

aux fruits !

Regarde les pommes, ce sont des boutons perles !

Enfile un bouton sur un morceau de cannetille, ce fil de fer très fin. Puis enroule les deux bouts et entoure-les de papier crépon. Recommence plusieurs fois avec d'autres boutons et plante-les ensuite dans un bac à fleurs.

Les boutons fléchettes !

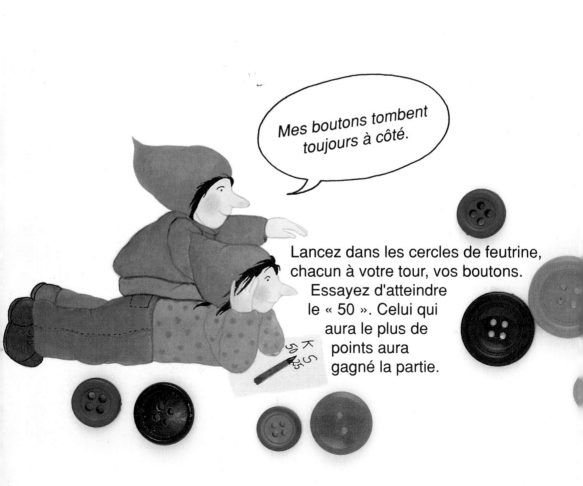

Mes boutons tombent toujours à côté.

Lancez dans les cercles de feutrine, chacun à votre tour, vos boutons. Essayez d'atteindre le « 50 ». Celui qui aura le plus de points aura gagné la partie.

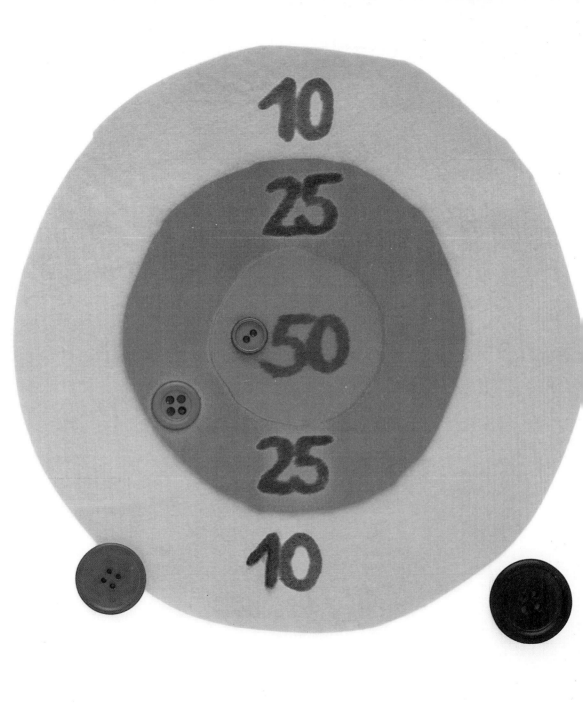

La marionnette à boutons !

Prends deux cordonnets
et enfile les boutons
pour les jambes.
Réunis-les ensuite pour
passer les boutons du
corps et sépare-les pour
enfiler ceux des bras.
Prends un autre cordonnet
pour glisser le bouton
du béret, de la tête et
du cou et attache-le
au corps.

Des boutons pour voyager

Plante le mât
dans un trou
du bouton,
et ton voilier
pourra filer
au vent !

Roule-bouton,
le petit train,
déraillera-t-il ?
Avec ces wagons
en boîtes
d'allumettes
et ces roues
en grands
boutons.

Nous allons
à toute vitesse.

Quatre boutons collés
sur une boîte en demi-cercle
recouverte de papier avec
un pare-brise en carton plié,
c'est la nouvelle voiture
de Dion-Bouton!